AF315464

INSTRUCTION RÉPUBLICAINE

LE
BUDGET DES TROIS MONARCHIES
ET LE
BUDGET DE LA RÉPUBLIQUE

Par M. Gustave HUBBARD

I. R.

PARIS

SOCIÉTÉ DU PATRIOTE, rue Saint-Jacques, 161
LE CHEVALIER, éditeur, 61, rue de Richelieu
GERMER-BAILLIÈRE, 17, rue de l'École-de-Médecine
LIBRAIRIE DE LA BIBLIOTHÈQUE DÉMOCRATIQUE
Place des Victoires, 9

1874

LE BUDGET DES TROIS MONARCHIES

ET

LE BUDGET DE LA RÉPUBLIQUE

PAR

M. Gustave HUBBARD

Nous sommes à la veille des élections générales.

Le maire de ma commune est un vrai paysan, laborieux, fin, madré, très-économe, très-sévère pour les délits de propriété, compatissant pour les véritables misères ; il aime sa femme, ses enfants, ses bœufs, ses arbres, ses champs ; au fond, il est resté jusqu'à ce jour indifférent à la chose publique.

Mais les derniers malheurs du pays, la vue des Prussiens, les milliards qui ont été payés, et pour lesquels il n'a pas manqué d'envoyer son obole, ont éveillé en lui de nouveaux sentiments. Il rougit de n'avoir pas su choisir entre toutes les opinions qui le sollicitent : la prévision de prochaines élections générales le pousse à chercher quel est le drapeau auquel il doit s'attacher, et qu'avec la persistance propre aux gens de la campagne il n'abandonnera plus.

« Je voudrais, me dit-il un jour, interroger à ma ma-
« nière les défenseurs attitrés des quatre grands partis
« qui veulent avoir nos suffrages. Je voudrais entendre
« parler chacun d'eux devant tous les habitants de ma
« commune sur l'objet qui nous occupe le plus. »

— Quel est donc cet objet, lui dis-je un peu intrigué?

— Eh, parbleu, répondit-il, c'est le *budget*. Croyez-vous que nous ne connaissions pas dans nos campagnes l'importance de ce gros livre bourré de chiffres? C'est l'agenda de la nation : là figurent les recettes et les dépenses de la France. Là sont marquées toutes les économies, toutes les dépenses de nos gouvernants ; là se prépare l'accroissement ou la diminution de la fortune nationale.

Moi. Pourquoi donc, repris-je alors, ne pas réaliser ce désir? Je ne vois pas de grandes difficultés à le satisfaire.

Le Maire. Et où voulez-vous que je trouve quatre orateurs, représentant suffisamment les quatre partis qui se disputent nos votes?

Moi. Ces orateurs, vous les avez; ce sont les candidats mêmes réclamant vos suffrages.

Le Maire. Soit; mais comment les décider à venir s'expliquer devant nous?

Moi. Le moyen est bien simple : réunissez les habitants de votre commune à un jour fixe, et appelez chaque candidat séparément. Soyez sûr qu'aucun ne manquera à l'appel. Chacun d'eux s'estimera trop heureux d'avoir une occasion de parler à tous les habitants de la commune à la fois.

Le Maire. Mais il ne faudrait pas qu'on fît d'avance la leçon aux candidats, ni qu'ils se concertassent Il nous faut de la sincérité, afin que nous puissions discerner l'esprit réel de chaque parti, sa tendance, ses intentions, son vrai programme enfin.

Moi. N'introduisez que l'un après l'autre les candidats devant vos administrés, et posez-leur les questions que vous croirez propres à leur faire dévoiler leurs propres sentiments.

Le Maire. Vous avez réponse à tout. Et puisque mon désir peut se réaliser, eh bien! en avant! Amenez sous huit jours les quatre candidats, je me charge de convoquer et réunir tout mon monde.

Huit jours après cette conversation, tous les habitants de ma commune se mettaient en mouvement pour assister à une grande réunion. Elle devait avoir lieu dans une salle spacieuse de la mairie. Le maire, entouré de ses conseillers municipaux, s'était placé au fond de la salle sur une estrade ; de là il devait présider la réunion et poser les questions. Sur un des côtés se dressait une tribune destinée aux orateurs ; les trois partisans de la monarchie devaient être appelés les premiers ; le défenseur de la République aurait le dernier la parole.

A l'heure fixée, chacun était en place. Le maire, ouvrant la séance, se leva et dit :

Chers Concitoyens,

Vous êtes réunis ici pour prendre une grave décision.

Quatre partis s'arrachent vos suffrages, et chacun d'eux veut vous entraîner dans une direction différente.

Nous laisserons-nous disputer ainsi, comme si nous étions un troupeau ?

Si nous nous laissons faire, nous sommes à jamais perdus. C'est le sort de la Pologne qui attend notre malheureux pays.

Nous n'avons déjà que trop tardé. Le moment est venu de faire notre choix, et une fois notre parti pris, de nous y tenir irrévocablement, sans plus jamais varier.

C'est de nous-mêmes que dépend la direction que le pays doit prendre ; car cette direction résultera de la majorité de la prochaine Assemblée nationale, et cette majorité, c'est nous qui la créerons par nos suffrages.

Préparons donc notre élection avec sagesse, avec réflexion, avec maturité.

Il me reste maintenant à vous expliquer comment je vais procéder. Je me suis dit : Chacun de nous sait fort bien comment il faut s'y prendre pour créer, conserver, augmenter son patrimoine. Nous savons qu'avec le jeu, le cabaret, le luxe, la dissipation, l'envie exagérée de s'agrandir trop vite, les plus belles fortunes se défont rapidement. Eh bien ! il m'est venu à l'esprit que si nous comparions le budget de la France au doit et avoir de nos fermes, et si nous interrogions chaque candidat sur sa manière de concevoir la formation et l'emploi de la richesse publique, nous aurions une idée exacte du sort que nous réserve chaque parti.

Je dois avant tout vous demander si vous approuvez mon idée.

De toutes parts. Oui, oui, c'est ça, Monsieur le Maire.

La France est une grande ferme. Ce sont de bons fermiers qu'il nous faut.

Alors le maire appela le candidat légitimiste, et le pria de monter à la tribune.

C'était un jeune homme d'une trentaine d'années, descendant d'une ancienne famille seigneuriale du pays. Il fut accueilli par les paysans avec un air de déférence respectueuse derrière lequel un observateur attentif aurait facilement pu découvrir certain sourire narquois.

§ I. — LE BUDGET DE LA LÉGITIMITÉ.

Le Maire. Le Candidat pourrait-il nous dire quels avantages il y a pour un pays à faire figurer une liste civile au premier rang de ses dépenses?

Le Candidat. Mes amis, mes bons amis, je répondrai avec détail à la question qui m'est adressée. Mais vous est-elle suggérée par un sentiment suffisant de respect pour le représentant de l'autorité divine sur la terre, pour le descendant de saint Louis et d'Henri IV?

Nous appartient-il, à nous, simples sujets, de vouloir obscurcir les rayons lumineux au milieu desquels doit toujours apparaître aux yeux de la nation le Soleil de la monarchie?

L'éclat extraordinaire dont a brillé sous Louis XIV la cour de Versailles ne s'est-il pas transformé en bienfaits sans nombre pour l'agriculture, le commerce, l'industrie, les lettres, les arts et les sciences?

Qu'est-ce qui fait la grandeur d'une nation? Sinon la pompe de tous ces courtisans qui entourent le monarque et dépensent leur richesse avec profusion autour de lui pour rehausser la majesté du trône?

Sous le second empire, la dotation du chef de l'État montait à 40 millions; elle était payée sans réclamation par le pays; or, on ne peut nier l'extrême générosité du chef de la maison de Bourbon, car il accepterait à ce prix toutes les charges d'une liste civile.

Plusieurs voix. Ah! je le crois bien. Nous aussi. Oh! oh!

Le Maire. Point d'interruptions. Laissons le candidat s'expliquer avec toute tranquillité. Nous connaissons déjà son opinion sur la liste civile ; je lui demanderai maintenant s'il inclinerait vers un accroissement ou une diminution de la dette publique ?

Le Candidat. Mes amis, nous autres descendants des grandes familles, autrefois propriétaires de presque tout le sol de la France, nous n'avons aucun goût pour ce système de crédit public au moyen duquel nous avons vu se créer dans ce siècle tant de fortunes scandaleuses.

S'il ne dépendait que de nous, nous voudrions, du jour au lendemain, fermer le grand livre de la dette, mais cela n'est pas en notre pouvoir. Il est de ces cas où les nécessités de la politique forcent les gouvernements à se créer immédiatement de très-grandes ressources : par exemple, si nous devenons les plus forts, n'est-il pas de notre premier devoir de rétablir de suite le Souverain Pontife dans l'exercice de son pouvoir temporel ? Cela entraînerait une guerre avec l'Italie. Dès lors il faudrait de l'argent, et, comme nous ne voudrions pas augmenter les contributions, nous aurions naturellement recours à un emprunt. Voudriez-vous aussi nous voir refuser notre appui au défenseur des saines idées en Espagne, à ce don Carlos qui depuis des années défend de l'autre côté des Pyrénées le principe de la légitimité ? Ne serait-il pas convenable de renouveler pour lui la célèbre expédition du duc d'Angoulême en 1823 ? Vous seriez les premiers à vouloir que le drapeau blanc des fils de saint Louis vous réhabilitât, dans une campagne facile, du désastre honteux de Sedan ? Pour cela il faudrait encore un nouvel emprunt. Puis-je, devant ces perspectives d'expéditions coûteuses, prendre l'engagement de poursuivre la diminution de la dette publique ? Non, mes amis, un loyal gentilhomme comme moi ne saurait avoir qu'une seule parole. Je ne promets point de diminuer la dette publique ; mais aussi, pourquoi vous préoccupez-vous tant de son accroissement ? Laissez aax générations futures le soin de pourvoir aux charges qui s'accumuleront sur elles. Il doit nous suffire à nous de trouver les capitaux dont nous avons besoin. L'argent ne se refusera pas à notre monarque, il s'offrira à des conditions qui ne seront point trop onéreuses.

Le Maire. Sur un budget total de 2 milliards et demi, l'Etat paye annuellement 1 milliard 200 millions pour le service de sa dette. Le candidat voudrait ajouter au budget une liste civile de 40 millions qui n'y figure pas aujourd'hui. On ne peut réduire que difficilement les frais de régie et de perception, qui montent à eux seuls à 250 millions ; c'est donc seulement sur les services généraux des ministères, montant ensemble à 1 milliard 50 millions, que le candidat peut songer à réduire nos dépenses. En conséquence, je lui demande à présent quels sont parmi les grands services auxquels l'Etat a à pourvoir, justice, affaires étrangères, finances, intérieur, guerre, marine, instruction publique et cultes, agriculture et commerce, travaux publics, ceux auxquels il entend faire subir une réduction, pour que la liste civile et les guerres qu'il annonce ne nous condamnent pas à de nouveaux impôts?

Le Candidat. Mes amis, je n'ai pas l'habitude de traiter les questions les plus graves de la politique à la manière d'un compte d'apothicaire. Cependant, comme depuis notre enfance nous avons l'habitude, dans nos salons, de parler sans cesse des affaires de l'Etat, je puis sans difficulté vous faire connaître notre impression générale sur les divers services ministériels.

Vous ne me croiriez pas, si je vous disais que nous tendrons à réduire le nombre et les émoluments des personnages officiels de toute espèce, diplomates, préfets, magistrats, fonctionnaires administratifs. Toutes les familles auxquelles je suis allié ont les yeux incessamment fixés sur ces grandes situations. Pour porter dignement dans les cours étrangères la représentation de la France, de maigres appointements ne suffisent pas ; il faut de grosses sommes, et nous surtout qui avons à lutter avec les grandes aristocraties de la vieille Europe, nous ne saurions nous contenter d'un chétif salaire. Mais combien le pays tout entier ne gagne-t-il pas à être représenté par les rejetons des anciennes familles, au lieu de l'être par un de ces hommes que le travail et l'étude ont jaunis, qui ne sortent point de leur cabinet et ne pénètrent pas aux seuls endroits où se révèlent les secrets d'Etat! Pouvez-vous attendre une justice vraie de ceux qui n'ont jamais appartenu à la vieille noblesse de robe, l'honneur de la France? Et trouvera-t-on ailleurs que dans notre monde des préfets, à la poigne assez ferme, à l'esprit assez dégagé, pour répandre partout une saine terreur, pour faire respecter les vieilles croyances et inspirer confiance au clergé !

Maintenant, si nous qui sommes déjà riches, nous consentons à servir le pays, ne faut-il pas que le pays soit à son tour généreux à notre égard? Et le serait-il s'il réduisait les rétributions, déjà si mesquines, des grandes situations?

En haut il n'y a rien à faire, mais en bas, peut-être il y aurait quelques réformes à accomplir. Pourquoi payer les juges de paix? Pourquoi rétribuer ces fonctions qui pourraient être briguées par d'honnêtes bourgeois, désireux de mériter quelque considération pour s'élever au niveau des vieilles familles de robe? J'insisterai beaucoup pour que la gratuité de certaines fonctions entrât davantage dans nos lois.

Ce qui est vrai pour l'administration intérieure, la magistrature, les finances, la diplomatie, l'est aussi pour la guerre et la marine. Je tiens essentiellement à ce que les plus hautes positions militaires soient non-seulement honorifiques, mais encore entourées des avantages les plus considérables ; il faut surtout qu'elles soient accordées, dès leur naissance, à tous les jeunes princes de la famille de Bourbon, car qu'est-ce qu'une armée qui ne se trouve pas complètement entre les mains de la dynastie régnante? Elle se croit une force exclusivement nationale, tandis qu'elle ne doit jamais se considérer que comme l'instrument au moyen duquel le roi assure le maintien de son autorité.

Ne vous laissez point aller, mes amis, à ces vaines formules de service obligatoire, d'armée territoriale, par lesquelles on cherche à vous persuader que tout Français doit être, à un moment donné, en état de remplir le rôle de soldat. Vous n'êtes pas faits pour la lutte ; restez à vos charrues, amassez de l'argent pour racheter votre sang. Si je vais à la Chambre, je ne manquerai point de rétablir le remplacement ; quant à diminuer les dépenses des ministères de la guerre et de la marine, je n'y songe point pour ma part. Mes ancêtres étaient de preux chevaliers, et non des bourgeois dédaigneux du métier des armes.

La France doit toujours être une grande puissance militaire : vous avez vu que nous avons deux guerres en perspective, l'une en Italie, l'autre en Espagne ; sur mer, nous avons à lutter contre la perfide Albion, et l'Allemagne nous menace de l'autre côté du Rhin.

Avec le monarque légitime, tous nos gentilshommes voudront se consacrer au service de la patrie ; on sera trop heureux de les employer, et il faut qu'ils puissent occuper dignement tous les grades qui leur seront réservés.

Que la France serait heureuse le jour où, à l'instar de la Prusse, tout son corps d'officiers serait exclusivement recruté parmi les jeunes gens qui ont gardé, comme une vertu précieuse, le respect de la royauté et de l'aristocratie !

Hostile à l'abolition du remplacement, je le suis aussi à tous ces programmes d'instruction obligatoire, gratuite et laïque qui circulent à profusion depuis quelque temps. Le beau bénéfice que nous aurions tous, si l'instruction se répandait davantage ! N'est-ce pas que vous en savez tous assez, et que vous avez tous signé les pétitions de Monseigneur l'Évêque contre ces réformes audacieuses qu'on veut tenter dans l'instruction publique ?

Ce que je refuse aux maîtres d'école, j'entends qu'on le donne aux prélats.

De tout ce que nous dépensons pour le culte, il n'y a rien à retrancher, sinon ce qui est affecté au protestantisme et aux religions de Moïse et de Mahomet.

Quant à l'industrie et à l'agriculture, on peut les protéger à bon marché !

Restent les travaux publics. Ce n'est pas moi, mes amis, qui voudrais leur donner une impulsion exagérée, pour vous exposer à des contributions nouvelles. Je sais qu'il ne faut pas écouter, à leur sujet, toutes les doléances des financiers qui ne songent qu'aux combinaisons machiavéliques par lesquelles ils cherchent à s'approprier toutes les ressources nationales. Cependant je n'enlèverai rien aux subventions assurées aux grandes compagnies ; comment oublierais-je que plusieurs d'entre nous figurent dans leurs conseils ?

En somme, mes amis, ne croyez pas qu'il soit facile de rien diminuer aux services généraux des ministères. Les choses de l'État ne doivent pas se juger avec la lésinerie et la parcimonie qui conviennent à l'administration d'un modeste patrimoine. La France peut-elle être grande sans une cour nombreuse et brillante, sans le luxe, l'élégance, les grandes fêtes de Versailles, sans un riche et puissant clergé, sans une administration très-nombreuse et très-bien dotée, sans de brillants ambassadeurs étalant au dehors un faste princier ?

Diverses voix. Ah ! c'est ça, Henri V. Eh bien ! nous n'en voulons pas. A bas le roi des Jésuites. Il rétablirait la dîme et les corvées.

Le Maire. J'avais encore deux questions à poser au candidat ; toutes deux relatives aux impôts. Mais je vois que l'opinion est faite. L'orateur a conclu au maintien de l'ignorance ; il feint de ne pas comprendre que dans nos luttes contre l'Allemagne chacun de nous doit payer de sa personne ; il veut accroître nos dépenses, il ne se préoccupe pas de la dette ; il songe à nous lancer dans deux guerres désastreuses. C'est un ennemi dangereux pour notre bonheur à venir ; inutile de l'entendre davantage. N'est-ce pas, Messieurs ?

Tous. Assez ! assez ! A un autre.

Le jeune gentilhomme, devant cette manifestation, comprit qu'il avait été trop franc, qu'il avait trop compté avec l'ancienne ignorance des paysans et qu'il ne devait point s'imposer davantage. Il descendit rapidement de la tribune, et se hâta de se dérober à tous les regards.

§ II. — Le Budget de l'Orléanisme.

Après quelques moments de repos laissés à l'assemblée, le second candidat fut introduit.

C'était un riche banquier de la capitale, propriétaire de plusieurs usines dans le département, personnage ventru se donnant toutes ses aises, ne se privant d'aucune jouissance matérielle, habitué aux affaires contentieuses, et aux grandes spéculations de bourse. S'agissait-il de ces matières, il montrait une grande finesse d'esprit et une curieuse sagacité. Sorti de là, il était en réalité très-ignorant. Du reste, il affectait de nier la valeur des artistes, le mérite du savant pauvre, le dévouement héroïque du soldat qui meurt sur le champ de bataille en défendant la patrie. Pour lui la vertu n'existait pas. Il évaluait tout au tarif de la bourse. Honneur, loyauté, patriotisme, science, génie, inspiration, qu'était-ce que tout cela?

Le Maire. Avec ce candidat, il ne peut y avoir aucun inconvénient à ce que j'énonce, en une seule fois, toutes les questions que je dois lui poser. Voici donc sur quels points il importe que nous soyons éclairés. Je prie le candidat de nous indiquer bien explicitement s'il veut une liste civile, s'il songe à accroître ou à diminuer la dette publique, s'il croit qu'on peut réduire les dépenses générales des ministères, s'il consentira à l'accroissement des impôts directs, ou s'il se propose d'augmenter encore toutes les contributions indirectes qui ont créé l'état de cherté dont nous souffrons?

Le Candidat. Habitants de la campagne,

C'est avec confiance que je me présente au milieu de vous, car à la nature des questions qui me sont posées, je vois que comme moi vous êtes avant tout préoccupés de l'amélioration de votre bien-être, de la satisfaction de vos intérêts matériels.

C'est de ce côté là, en effet, que doivent se diriger tous nos soucis : dans les sociétés modernes, il ne doit plus y avoir pour chacun qu'une seule et unique préoccupation, amasser de l'argent. C'est ce que M. Guizot, le plus célèbre ministre du fameux roi Louis-Philippe, exprimait si bien, lorsque pour résumer d'un mot l'esprit de la monarchie constitutionnelle, du régime de la dynastie d'Orléans, il prononçait à Lisieux ces célèbres paroles : *Messieurs, enrichissez-vous.*

Pour moi, si vos votes me conduisaient à l'Assemblée nationale, je ne suivrais pas un autre programme. Il me suffit que chacun cherche à s'enrichir. À quoi bon se poser d'autres buts? Le moindre mouvement de la Bourse a plus d'influence sur la fortune publique, qu'un succès de nos armées ou de notre flotte, que le triomphe d'une opinion sur une autre, que la déclaration d'un dogme religieux, ou la réforme de vingt lois politiques.

Vous me demandez si je veux accroître ou réduire la dette publique, et si je suis partisan d'une liste civile?

Bien simple sera ma réponse. Plus les États trouvent à emprunter, plus ils sont florissants. Et quand un État a beaucoup de crédit, que lui importe de payer 40 millions de plus ou de moins?

Une voix. On ne s'enrichit pas en faisant des dettes. Il faut toujours les payer.

Le Candidat. Sans doute, sans doute. Mais le crédit met les générations présentes en état d'employer à leur profit des capitaux considérables, dont elles profitent. Ce sont les générations futures qui seules auront à en supporter le fardeau; et encore nous avons si bien arrangé toutes choses, que le créancier qui nous confie son avoir n'a plus besoin qu'on lui rembourse le capital. Il suffit que l'intérêt continue à être régulièrement payé pour qu'il trouve un autre créancier disposé à lui rendre son argent.

Laissez-vous donc endormir dans une tranquille sécurité! Continuez à demander au crédit des ressources pour accroître votre production. Ce sont des esprits chagrins qui vous répètent qu'une nation s'appauvrit en augmentant sa dette et qu'elle se condamne pour l'avenir à un travail forcé.

Nous, banquiers, qui administrons la Banque de France, le plus bel instrument de civilisation qui ait jamais été inventé; nous qui, à l'aide de cette grande machine, avons le pouvoir et le droit de répartir le crédit; nous qui, sur un simple signe de notre volonté, pouvons exciter ou restreindre l'activité générale des affaires, enrichir ou ruiner des nations voisines moins riches et moins avancées, nous qui sommes les promoteurs de tout ce qu'il y a de grand dans le dix-neuvième siècle, chemins de fer, usines à gaz, télégraphes électriques, navigation à vapeur, grandes manufactures, nous vous disons : en avant, en avant, ne vous arrêtez pas. Empruntez, spéculez, enrichissez-vous.

Ne croyez pas ceux qui vous disent que nous fabriquons la loi à notre avantage exclusif, que nous reconstruisons une nouvelle aristocratie, que nous devenons bien plus puissants que les grands seigneurs du moyen âge.

Ce sont là des calomnies de ces hommes de désordre et de mauvaise foi que nous baptisons, nous, du titre de socialistes. Fuyez ces hommes, ils ne pensent qu'au brigandage, qu'au partage des biens ; ils veulent vous enlever vos terres pour se les attribuer.

Ils osent aspirer à organiser le travail, ils veulent fonder des associations ouvrières capables de bénificier, elles aussi, des avantages du crédit. Mais c'est là une prétention inouie! Il faut réserver au capital tous les avantages!

Voyez-vous quel scandale! si la Banque de France devenait un établissement exclusivement national; si le travail arrivait à se coaliser sérieusement pour tenir tête aux prétentions du capital, et si la loi abdiquait la protection qu'elle n'a donnée jusqu'ici qu'aux patrons.

Ce serait la ruine des ruines. Là, est le grand danger social. C'est à cela qu'il faut surtout parer. Aussi, dans les dépenses générales des ministères, ne retranchons rien de ce qui constitue la force répressive des gouvernements. Je suis, moi, toujours et avant tout, pour la conservation. Je pousse à la production, à l'accroissement de la dette, parce que le travail est le frein par excellence; quand une nation à de lourds impôts à payer, elle est obligée à un travail plus assidu, elle n'a pas le temps de songer aux révolutions.

Comme vous, je hais les dépenses militaires : il faut une armée, sans doute. Mais bien plutôt que des soldats, ayons des gendarmes, une nombreuse police, des tribunaux très-sévères, une administration très-énergique, Voilà ce qui fait la force d'un Etat.

Défiez-vous des gens qui vous parlent de revanche. Nous n'avons pour ennemis sérieux que des peuples civilisés, et nous n'aurions peut-être pas eu cinq milliards à payer si nous avions capitulé plus tôt. Combien les villes qui savent ouvrir leurs portes à temps sont plus intelligentes que celles qui s'obstinent à une lutte sans profit!

Ne vous préoccupez point de la guerre.

Une voix. Ah! c'est trop fort. Et l'Alsace? et la Lorraine ?

Le Candidat. Eh! que voulez-vous faire? vous avez été vaincus; vous le serez encore. Savez-vous que les Prussiens, depuis 1815, se sont organisés, eux, pour devenir la puissance militaire par excellence; toute la nation allemande se soumet à des exercices corporels, à une gymnastique qui développe la force et l'adresse. Cela la détourne du travail industriel. Nous nous appauvririons si nous faisions comme elle. Pour moi, je ne consentirai jamais à ce que nous cessions de nous occuper exclusivement de travaux publics, de spéculations, de grandes entreprises appuyées sur de forts capitaux. Souvenez-vous des beaux jours de Louis-Philippe, continués sous Napoléon III. Comme on gagnait de l'argent! Quelles primes à la Bourse! Comme les fortunes se créaient rapidement!

Voilà ce que nous devons toujours avoir en vue. Ce qu'il nous faut désirer, c'est un réveil des grandes affaires, une explosion d'activité industrielle et commerciale, et un accroissement colossal de la production qui détermine une hausse gigantesque.

En dehors de cela, toutes les questions dites politiques, sociales, nationales n'ont aucun intérêt sérieux.

Qu'est-ce que le service obligatoire? Voulez-vous que mon fils, qui peut se racheter à quelque prix que s'élève le remplacement, aille se priver inutilement de cet avantage et s'exposer à la mort comme le premier venu? Vous comprenez bien que mon fils aurait trop à perdre et qu'il ferait un sacrifice qui n'a rien de comparable avec celui du prolétaire.

Plusieurs voix. C'est horrible. Votre fils se doit à la France. Sans elle il ne serait rien,

Le candidat. Mais il sert bien mieux son pays en dirigeant ses usines et en escomptant des lettres de change. Ne faut-il pas, pour ce travail difficile, des hommes expérimentés?

Une voix. En temps de paix, soit; mais quand l'ennemi vient, qu'il se batte comme les autres, et qu'il n'émigre pas.

Le candidat. Mais que deviendrait le privilége de la richesse, si l'homme riche ne pouvait se racheter de l'impôt du sang? S'il doit servir, souffrir, travailler comme les autres citoyens? Non, il lui faut des priviléges dans la société; aussi je suis partisan du remplacement.

Je suis aussi contre l'instruction obligatoire, gratuite et laïque. Je crains les ouvriers raisonneurs et intelligents; ce sont des bras forts qu'il nous faut, forts comme des machines. Quant à la religion, elle est un frein comme le travail; je ne crains même pas la superstition.

La répression est bien plus facile chez un peuple superstitieux que là où domine le libre examen; aussi suis-je d'avis que l'État paie même les faiseurs de miracles, si les particuliers n'ont plus assez de foi pour s'en charger

Faut-il maintenant vous parler des impôts directs et indirects? Pour moi, tous les impôts sont également bons, également mauvais, pourvu qu'ils se paient. Ceux qui me conviennent le mieux sont ceux qui peuvent donner lieu à des entreprises par actions. S'il faut de l'argent, je proposerai à mes collègues de l'Assemblée de taxer quelque nouvelle denrée qui puisse, comme les allumettes, être l'objet d'une société anonyme et offrir un bon emploi à nos capitaux.

Une voix. Mais c'est encore nous qui paierons. Nous aussi, nous achetons des allumettes.

Le Candidat. Habitants de la campagne, j'ai fini.

Vous n'êtes pas belliqueux, ni moi non plus.

Vous aimez la terre et vous voulez vous arrondir incessamment. Moi aussi, je n'ai d'autre préoccupation que celle d'augmenter ma fortune, déjà assez ronde. Vous craignez l'impôt du sang, je voterai le remplacement.

Vous êtes pour le maintien des cultes salariés, soutenus par l'État; moi aussi, je veux les conserver. Vous craignez l'accroissement de l'impôt foncier, je vous promets de repousser tout centime additionnel.

Votez donc pour moi, et avec moi vous assurerez le triomphe de ces généreux enfants de Louis-Philippe, dont la richesse fait l'honneur de la France.

Une voix. Puisqu'ils sont si riches, pourquoi donc viennent-ils de réclamer encore tant de millions, et quel besoin auraient-ils d'une liste civile ?

Le Candidat. A-t-on jamais vu monarque sans un palais et sans une cour? Louis-Philippe touchait une liste civile, mais il ne la gaspillait pas. Il savait mettre de côté, épargner; ses fils en feront autant. Ils sont la vraie incarnation de l'esprit d'ordre.

Une voix. Et de l'agiotage ! de la corruption ! de l'intrigue !

Le Maire. Nous en avons assez entendu pour nous faire une idée nette du programme de l'Orléanisme. Voici ce qu'il nous promet : une liste civile tout comme la légitimité.

Un accroissement incessant de la dette publique au bénéfice exclusif des financiers. Parmi les services généraux des ministères, nulle réduction dans les innombrables sinécures de l'administration française.

Aucune préoccupation de rendre à la France un peu de cette énergie militaire qui lui a fait défaut en 1870;

Continuation de ce système d'avilissement des caractères, inauguré en 1830;

Maintien du remplacement; l'ignorance protégée comme un mal nécessaire; extension des travaux publics dans le seul but d'accroître la force de l'oligarchie financière dont le candidat fait partie;

Ménagement de la propriété foncière, mais menace constante de voir de plus en plus se développer le prix de tous les objets de consommation;

Voilà, chers concitoyens, le bilan de l'Orléanisme. En voulez-vous?

Des cris de : Non, non. A aucun prix. Ce système ne convient qu'au candidat. Une foule d'exclamations du même genre se font entendre.

Honteux et confus, le riche banquier se hâte de quitter la tribune; il s'échappe de la maison commune, et, remontant dans une voiture qui l'attendait à la porte, il se dit en haussant les épaules : « Je m'y suis mal pris; il me faut un collége électoral qui soit à vendre. N'ai-je pas de quoi l'acheter? »

§. III. — Le Budget du Bonapartisme.

Le troisième candidat était un vieux général, appartenant à une des familles de la noblesse nouvelle, créée par le premier Napoléon; il disait bien haut que son père avait été un simple paysan, mais à voir son attitude, ses manières, sa démarche affectant à la fois la raideur et la non chalance, on sentait en lui le rejeton pourri d'une souche qui naguère était forte et puissante.

Le père, en effet, s'était élevé par son propre courage et son intelligence aux premiers grades de l'armée : quant au fils, il ne devait son élévation qu'à une série ininterrompue de faveurs, qui lui avaient été prodiguées par tous les gouvernements à cause du nom que son père avait rendu célèbre. Aussi, n'y avait-il dans son caractère, rien de grand, rien d'élevé.

Lors de l'invasion de 1870, il occupait une des premières dignités militaires, et s'était montré aussi outrecuidant avant Reischoffen que résigné après Sedan. Il n'était sorti de lui ni un cri de l'honneur offensé, ni un effort de patriotisme. Il haïssait les défenseurs de Paris, à cause même de leur héroïsme, traité par lui d'inutile. Il n'avait pas de raillerie assez amère contre tous ceux qui avaient su tenir dignement en province le drapeau de la France.

Cet ensemble en faisait un être tout-à-fait antipathique. Malgré tout, un mouvement de curiosité se manifesta dans l'auditoire, quand le maire annonça qu'un général allait monter à la tribune.

Le Maire. Je sais qu'il est d'usage chez les militaires français d'affecter du dédain pour tout ce qui ne touche pas aux matières de leur compétence; il m'est pourtant impossible, vu le programme que je me suis tracé, de ne pas demander au général, ici présent, s'il serait favorable à une liste civile, et s'il voterait pour l'accroissement de notre dette publique.

Le Général. Frrrrançais,

Laissez moi me féliciter d'abord de trouver une occasion de parler au véritable peuple, non à ce peuple abruti des villes qui acclame la République, mais à ce sage peuple des campagnes, qui garde au fond de ses chaumières les vignettes enluminées du grand Napoléon et du roi de Rome.

Une voix. Depuis Sedan, elles sont déchirées. La légende n'existe plus.

Le Général. Frrrrançais,

Vous laisserez-vous donc écraser par une défaite? Nous avons eu déjà Waterloo en 1815, et nous nous sommes bien relevés. Sedan n'est qu'un second Waterloo.

Une voix. En 1815, les généraux se sont battus. En 1870, Bazaine a livré Metz.

Le Général. Je vois bien qu'il s'est déjà glissé parmi vous des gueux de cette abominable ville de Paris, qui n'a jamais aimé notre Empereur, et qui seule aurait voulu lui refuser une liste civile. Mais vous, paysans, dont Napoléon III a toujours soigné les intérêts, vous qui lui devez tant pour les bienfaits de tout genre qu'il vous a prodigués,.....

Une voix. Parlez pour vous; nous, nous ne lui devons rien que Sedan et cinq milliards à payer.

Le Général. Il n'est plus, notre généreux Empereur, qui pendant vingt ans sût, grâce à notre énergie, maintenir en paix toutes les masses violentes qui désolent aujourd'hui le pays.

Une voix. Il fallait employer votre énergie contre les Prussiens.

Le Général. Il n'est plus, vous dis-je, notre excellent Empereur. Mais, laissez-moi vous le dire, vous avez tort de vous inquiéter tant de liste civile, de dette, d'impôt, de budget.

D'un mot je vous ferai comprendre ce que c'est que l'Empire. Vous, paysans, vous n'avez qu'un intérêt, un seul, l'ordre. Pour l'obtenir, que vous faut-il? Un sauveur, un Bonaparte, un César. Eh bien! à celui-là, il faudra toujours laisser beaucoup d'argent, car s'il n'a rien à distribuer à ses partisans, comment arrivera-t-il à maintenir l'ordre? Pendant vingt ans, Napoléon III a remué à son aise le budget de la France ; il nous a prodigué richesses et honneurs : aussi nous lui avions donné en échange nos corps et nos volontés, et, sur son ordre, nous étions prêts à frapper à droite et à gauche tout ce qui bougeait, tout ce qui remuait.

Voilà le seul moyen d'avoir l'ordre et la paix. Aujourd'hui notre empereur est mort, mais son fils grandit. Vous serez trop heureux de vous jeter dans ses bras quand il sera en âge de vous gouverner.

Plusieurs voix. C'est odieux. Vous mentez, comme faisaient vos Magnan et vos Saint-Arnaud. Plus de sauveur! Il insulte la France, lui qui aurait dû la défendre. Ah! les voilà donc ces généraux qui ont appelé la guerre contre les Prussiens! et qui n'ont su ni la préparer, ni la soutenir. Et ils ont l'impudence de se présenter encore. A quoi bon l'entendre davantage. Qu'il s'en aille!

Irrité de voir se soulever contre lui une semblable tempête, mais fier en même temps d'avoir acclamé son Napoléon IV et de pouvoir s'en vanter devant son cercle, le piteux général céda prudemment à l'orage et abandonna la partie.

Une tristesse profonde domina toute l'assemblée, lorsqu'elle vit passer devant elle ce témoignage de l'abaissement volontaire auquel étaient descendus quelques-uns des plus considérables officiers de notre armée.

§ IV. — LE BUDGET RÉPUBLICAIN.

Le Maire. Nous avons entendu les représentants des trois dynasties qui ont gouverné la France. Vous avez trouvé, comme moi, que les rois et les empereurs s'occupent beaucoup plus d'eux-mêmes et de leurs créatures que de nous, de nos intérêts et de nos droits. Voyons maintenant ce que nous pouvons espérer des hommes qui proclament la République; y a-t-il chez eux amour sincère de la patrie, connaissance de nos intérêts, respect de l'ordre, tendance réelle à la liberté et au progrès? Voilà ce qu'il nous reste à examiner. Qu'on introduise le quatrième et dernier candidat.

Aussitôt on vit s'avancer un homme d'une quarantaine d'années, à l'œil jeune, au maintien assuré, simple dans sa démarche, déjà un peu fatigué par l'effort du travail et de la pensée. Sans affectation d'aucun genre, il se dirigea d'un pas ferme à la tribune et par un salut cordial se mit en communication avec les assistants.

Chers concitoyens, leur dit-il à son début, c'est une heureuse circonstance pour moi que celle qui me permet de m'entretenir avec vous : on m'a dit que vous vouliez m'interroger, faites-le donc avec confiance, à votre pleine et entière satisfaction.

Ce début produisit sur l'auditoire le meilleur effet; l'assemblée avait été blessée de la présomption du gentilhomme, choquée de l'égoïsme du banquier, dégoûtée de l'arrogance du porteur d'épaulettes, bonapartiste même après Sedan. Le ton naturel, dépourvu de vanité, du républicain, charma les assistants; il y eut en sa faveur un mouvement bien marqué de sympathie : on se sentait prévenu à l'avance.

Le Maire. Fidèle à mon programme, je dois formuler au candidat ici présent, les mêmes questions que j'ai déjà posées à ceux qui l'ont précédé.

Et d'abord, croit-il que la monarchie soit compatible avec le bien public, et qu'une nation puisse se passer de liste civile?

Le Républicain. C'est la monarchie qui à amoncelé sur notre tête toutes les causes de notre décadence actuelle ; c'est elle qui a amené les revers à jamais déplorables, à jamais déshonorants pour leurs auteurs, de Sedan et de Metz ; c'est elle qui a avili les caractères, corrompu les cœurs, méconnu les vrais talents, exalté l'intrigue, détruit le respect de soi-même, maintenu enfin l'ignorance.

Au lieu de faire du peuple Français ce qu'il devrait être, c'est-à-dire le vrai modèle des autres peuples ; au lieu d'apprendre à chacun de nous à résumer en soi toutes les qualités qui pourraient le recommander ; au lieu de nous pousser tous à être forts, adroits, énergiques, instruits, vertueux ; à aimer profondément la liberté et à la considérer comme condition première de la vie ; qu'ont fait ces hommes qui ont occupé successivement le trône de France depuis le commencement de ce siècle? Ils n'ont eu tous qu'une pensée ; Napoléon Ier, Louis XVIII, Charles X, Louis-Philippe, le second Napoléon : créer des divisions profondes entre les diverses classes de la société, afin de dominer l'une par l'autre ; détourner la masse du peuple des mœurs sévères et des exercices utiles ; empêcher toutes les institutions fécondes qui pourraient nous conduire à une organisation sociale bien régulière et bien durable. Leur idéal à tous, c'est d'une part une centralisation excessive, mettant entre leurs mains toutes les richesses de notre belle et splendide France, et d'autre part, une fausse apparence de libéralisme au moyen de laquelle toutes les institutions sont établies en faveur de ceux qui possèdent, et non en faveur du plus grand nombre.

Aussi sommes-nous devenus riches et asservis ; il nous faut aujourd'ui travailler sans cesse pour payer l'intérêt de notre rançon, travailler pour le roi de Prusse. En serions-nous là si au lieu d'être mous, corrompus, efféminés, uniquement préoccupés de jouissances matérielles, nous étions une population prête au sacrifice, habile au manie-

ment des armes, et décidée à ne supporter d'autre joug
que celui de la loi.

Si tous nos désastres viennent de la monarchie, voulez-
vous encore une fois écouter les suggestions de nobles
avariés, de traitants avides, de soudards effrontés ?

Donc point de liste civile, et en même temps point de
mesquinerie envers ceux que nous devons charger tempo-
rairement du maniement de la chose publique. Tous ceux
qui sont appelés à la gérer doivent être mis en situation
de négliger leurs affaires privées. Aurions-nous le droit
d'exiger d'eux quelque chose, si nous ne leur donnions
rien ? Dans notre civilisation, l'homme politique a besoin
de travailler beaucoup pour arriver à se faire un jugement
sérieux sur toutes les matières de notre législation si
compliquée.

On donne aujourd'hui 600,000 francs au président de la
République, et aux députés des émoluments qui équivalent à peine, pour chacun d'eux, au traitement d'un colo-
nel. Cela n'a rien d'excessif ; car, pour le chef du pouvoir
exécutif, il est obligé à certaines représentations qui lui
imposent des dépenses nécessaires ; et pour les fonctions de
députés, il serait fâcheux que les riches seuls puissent y
aspirer ; ils continueraient, comme par le passé, à faire
des lois en leur faveur.

Ce qui importe surtout, c'est que l'électeur suive avec
soin, à l'Assemblée, les votes et la manière d'agir de son
mandataire ; on doit surtout veiller à ce que chaque député
soit assidu, exact, diligent, attentif ; on ne saurait être trop
sévère, trop impitoyable envers ceux qui ne remplissent
pas l'obligation sérieuse qu'ils ont briguée eux-mêmes.

En résumé, tandis que l'Empire coûtait 40 millions de
liste civile, tandis qu'il dépensait encore 10 millions pour
le Sénat et le Corps législatif, aujourd'hui avec un peu
plus de 9 millions, nous payons notre Exécutif et notre
Législatif (1). Je me garderais bien d'atténuer d'un centime l'économie de plus de 40 millions de francs que nous
assure ainsi l'établissement de la République ; il y a là, un
bénéfice net qui, en le capitalisant, monte presque à un

(1) Le chiffre voté en 1873 et proposé pour 1874 est de
9,386,400 francs.

milliard, et diminue à lui seul de près d'un cinquième l'effroyable charge que nous ont imposée nos défaites.

Le Maire. Je crois être en ce moment l'interprète de tout l'auditoire, en prévenant le candidat que nous sommes convaincus avec lui de l'inutilité d'une liste civile. Autant il est sage que tous les employés d'une ferme soient rémunérés proportionnellement à leurs travaux, autant il est dangereux qu'un maître commence par distraire des sommes énormes pour entretenir un vain luxe, pour créer école de dissipation et de mauvaises mœurs.

Mais il nous faut passer à d'autres sujets. Le candidat croit-il que nous devons tendre à un accroissement ou à une réduction de la dette publique?

Le Républicain. J'ai là-dessus, chers concitoyens, une opinion bien arrêtée.

Comme l'ont fait les Etats-Unis, après la guerre de sécession, la France après les événements de 1870, si elle veut compter encore parmi les grandes nations, doit faire les efforts les plus énergiques pour réduire sa dette.

La somme d'un milliard deux cent millions, qui représente aujourd'hui l'ensemble des rentes à payer annuellement avant toute dépense, doit être, pour tout Français, un cauchemar incessant : nous sommes perdus si nous nous laissons endormir sur l'importance de ce chiffre. C'est notre collier de misère; c'est notre signe d'esclavage. Si nous sommes fiers de porter ce joug au lieu d'en être honteux, comme nous le devrions, c'est que nous sommes déjà le chien de la fable de Lafontaine, qui aime à se nourrir de mets succulents, et est habitué à la chaîne ; nous avons cessé de compter parmi les peuples libres.

Les deux cent millions qui excèdent le milliard doivent heureusement disparaître du budget dans cinq ans ; ils représentent une des sept annuités qui doivent rembourser la Banque de France de tous les capitaux qu'elle a avancés pendant la guerre ; deux de ces annuités auront déjà été payées à la fin de cette année : il en restera encore à payer cinq à partir de 1874, et ce sera seulement en 1879 que nous aurons terminé ce long remboursement. N'oubliez pas que tant qu'il n'est pas complètement achevé nous ne saurions imposer à la Banque la reprise de ses paiements en espèces ; il nous faut maintenir le cours forcé, c'est-à-dire un état de choses anormal, reposant exclusivement sur la confiance publique, exposant le commerce et l'industrie de la France aux oscillations les plus dangereuses dans la valeur de la monnaie, et enfin nous plaçant au cas d'une nouvelle guerre, dans un état d'infériorité absolue vis-à-vis de nos voisins qui, eux, paient dans leurs établissements publics tous leurs billets en numéraire.

En dehors de ces deux cent millions, il n'y a plus rien dans tout l'ensemble annuel de la dette qui ne doive reparaître dans les budgets postérieurs. Les autres capitaux, remboursables tous les ans, soit sous une forme, soit sous une autre, ne s'élèvent qu'à cent millions ; il y a 750 millions de rente perpétuelle en circulation : quant aux cent cinquante millions restants, ils représentent la dette viagère, celle qu'il faut payer à tous les pensionnaires de l'Etat.

Je crains même que, loin de le voir diminuer, nous ne voyons avec le temps se développer de la manière la plus dangereuse cet élément de la dette viagère. L'intérêt national a été, dans ces dernières années, tellement sacrifié à l'avantage particulier des fonctionnaires de tout genre, qu'ils se sont fait pour leurs retraites des conditions, excellentes pour eux, mais par trop défavorables à l'Etat. On voit croître, comme par magie, le chiffre des sommes affectées annuellement aux pensions ; elles prendraient un essor trop dangereux si la loi de 1853 n'était pas révisée. Telle qu'elle est, cette loi a transformé les fonctions les plus importantes en sinécures provisoires, par lesquelles certaines familles se hâtent de faire successivement passer leurs membres, pour s'assurer l'une après l'autre le taux le plus élevé de pension qu'on puisse obtenir.

Je veux donc amortir les sommes dues à la Banque ; je veux arrêter le développement que prend notre dette viagère ; je veux en un mot réduire le plus possible la dette publique, car je juge dangereux pour l'avenir du pays le chiffre qu'elle a atteint.

Plusieurs voix. Bravo, bravo. Voilà bien l'intérêt réel de la France. En voilà un qui aime son pays !

Le Maire. Grâce au candidat, nous avons pu connaître quel est, dans notre budget de deux milliards et demi, le prix du bail moyennant lequel nous allons désormais nous administrer nous-mêmes.

C'est avec empressement que nous lui donnerons mandat de réviser la loi de 1853, et d'amortir le plus tôt possible notre dette vis-à-vis la Banque.

Je ne veux rien lui demander au sujet des 250 millions qui servent à couvrir les frais de régie et de perception des impôts ; cela nous entraînerait trop loin. Mais je voudrais avoir son opinion sur la somme de un milliard cinquante millions qui sert à payer tous les services généraux des ministères.

N'est-elle donc susceptible d'aucune diminution? Sommes-nous condamnés à voir toujours s'avancer cette marée montante qui menace de nous submerger?

Le Républicain. Il ne faut pas, en considérant les grandes dépenses de l'Etat, faire abstraction des avantages que nous en retirons : ce n'est pas le chiffre des sommes employées qui a la plus grande importance. Ce qui importe le plus, c'est que toutes les sommes dépensées représentent un effort réel en faveur de la société française, de la patrie.

Or, c'est par là précisément que nous périssons. Le budget de l'Etat, comme l'ont prouvé les événements de 1870, est un arbre gigantesque, qui ne croît pas dans un sol fécond, arrosé par une eau bienfaisante ; il est rongé du haut en bas par des parasites qui vivent à ses dépens et ne songent qu'à leur propre bien-être.

Au lieu de rendre au pays, avec honneur et probité, en services réels, l'équivalent de leurs traitements, les fonctionnaires ne cherchent qu'à s'élever par l'intrigue ou à se faire oublier dans le trou qu'ils se sont creusé. Nul ne réfléchit qu'une seule place bien rétribuée, dont l'unique avantage est d'entretenir dans la nation des prétentions maladives à l'oisiveté, représente souvent à elle seule la contribution annuelle de toute une commune. Que de gens travaillent, suent et pâtissent une année entière pour porter au percepteur un modeste tribut, qui est ensuite dévoré par une seule personne, cachée habilement derrière les replis du budget!

Plusieurs voix. Bien, très-bien. (Applaudissements.)

Le Républicain. Quoiqu'elle ait déjà voté trois budgets,

l'Assemblée nationale de 1871 a bien eu soin d'éviter l'analyse exacte de toutes les fonctions rétribuées ; elle s'est toujours contentée d'un examen superficiel. C'est qu'il y a trop d'abus, et que les abus sont trop chers aux nombreux monarchistes qui font partie de l'Assemblée, pour qu'ils se décident jamais à en opérer, eux-mêmes, l'échenillage, pourtant si nécessaire.

Il est d'usage, dans tous les bureaux des ministères, de vivre à l'état d'hostilité permanente avec les commissions du budget ; chaque fois que les députés imposent une économie, on feint de s'y soumettre le premier jour. Le lendemain, sous une forme ou sous une autre, vous voyez reparaître une demande de subsides qui compense et souvent dépasse la réduction précédemment votée.

C'est la mode, parmi tous ceux qui vivent des abus, d'exalter à tout propos les richesses de la France, son crédit, sa puissance ; pour eux, rien n'est aussi facile que d'alimenter le Trésor, de lui trouver des ressources. A les entendre, la richesse du pays est inépuisable ; il n'y a qu'à se baisser pour ramasser des millions. L'agiotage souscrit-il le chiffre fabuleux de 43 milliards ? Ces panégyristes intéressés prennent pour de l'argent comptant les excès d'une spéculation désordonnée, et surexcitent notre ambition en nous faisant passer, à nos propres yeux, pour être plus riches que nous ne le sommes réellement.

Réagir avec énergie contre ces traditions aussi regrettables qu'invétérées, serait une de mes préoccupations les plus constantes. J'aspire à ce que chaque administration soit étudiée à part, et à ce que dans chacune d'elles on balance avec une rigueur mathématique, le service que chaque employé rend à l'Etat et les avantages qui lui sont accordés. Voilà l'œuvre véritable qu'il faut poursuivre, sans garder une considération excessive pour de prétendus droits acquis, qui ne sont le plus souvent que des concessions injustes faites à la faveur, à l'intrigue et à l'importunité, contre le véritable talent et l'effort laborieux ou utile.

Il n'est pas aisé, dans un simple discours, de passer en revue tous les ministères, afin de désigner pour chacun d'eux. les réformes qui peuvent se traduire par de sérieuses économies ; mais ce travail est déjà fait en grande partie ; vous le trouverez dans une série d'articles publiés par un journal républicain, sous ce titre : *Etudes sur le budget de* 1873. (1)

Jeme contenterai de les résumer, pour vous, en quelquesmots :

Et d'abord, dans les travaux publics, pourquoi l'Etat entretient-il désormais un corps si nombreux d'ingénieurs? Lorsque la société civile n'en produisait point, on pouvait en justifier la nécessité. Aujourd'hui, au moindre appel, l'Etat peut trouver tous ceux dont il aurait besoin, et il n'a pas plus à s'occuper, selon moi, d'en créer, qu'il n'est obligé d'avoir des avocats et des médecins à lui. Les ingénieurs qu'il élève à beaucoup de frais lui sont d'ailleurs si peu nécessaires, qu'il ne cesse de les prêter à des entreprises étrangères.

Le second empire s'est distingué par une révoltante partialité en faveur des grandes compagnies de chemin de fer; il leur a assuré de tels avantages, qu'en outre de toutes les obligations que la guerre fait peser sur nous, nous avons encore à faire face, pour les travaux publics, à une dette de plus d'un milliard. Il faudrait examiner à nouveau tous les contrats si compliqués qui ont été passés entre l'Etat et les compagnies, dans ces dernières années; lorsqu'ils ont été signés, il n'y avait personne pour défendre la chose publique, le corps des ponts et chaussées étant, malheureusement, beaucoup trop intéressé à soutenir des compagnies, auprès desquelles il trouve, pour un grand nombre de ses membres, des fonctions mieux rétribuées que celles de ministre et de maréchal de France. Le moment est venu de fixer l'attention publique sur des conventions qui intéressent, au plus haut degré, l'avenir du pays.

Et, malgré tout, nous ne devons pas nous refuser, aussitôt que les finances générales du pays le permettront, à continuer ces grands travaux publics qui constituent une des gloires du dix-neuvième siècle. Ce qu'il faut seulement,

(1) Les *Études sur le budget de* 1873, que l'auteur de cette brochure a publiées dans le journal *La République française*, ont été insérées dans les numéros qui portent les dates suivantes : 17, 26 et 29 août, 1. 5, 11, 16, 18 et 25 septembre, 1, 10 et 17 octobre, 6, 10, 26 et 30 novembre, 2, 7, 16 et 24 décembre 1872.

c'est qu'ils s'exécutent et soient utilisés au profit réel de tous, et non au bénéfice exclusif de quelques ingénieurs et de quelques financiers. On voit encore, tous les jours, la direction des Travaux publics refuser des concessions de travaux à des personnes qui voudraient s'en charger à leurs risques et périls, et les accorder ensuite à des compagnies qui réclament de l'Etat de fortes subventions.

Pour certaines dépenses reproductives, je crois que la nation doit se montrer généreuse et non avare de ses deniers. Ainsi comme la propagation de l'instruction publique, surtout de l'instruction primaire, tend à élever la valeur personnelle de toute notre population, il y a utilité à ce que nous l'aidions à atteindre, dans un très-court espace de temps, un degré de plus de culture intellectuelle.

Il est scandaleux de dépenser pour les cultes, que les fidèles seuls devraient subventionner, 54 millions ; tandis que l'instruction tout entière qui exige l'emploi journalier de tant d'hommes instruits, capables, éminents dans toutes les branches de la connaissance humaine, l'instruction, dis-je, qui seule peut nous mettre en état de lutter avec les autres peuples civilisés qui nous entourent, l'instruction publique n'est dotée que de 36 millions. Aussi, quand nous entrons en lice avec une nation ferme, raisonnable, calculatrice, instruite, ennemie de la superstition et de l'ignorance, hostile au fanatisme, sommes-nous vaincus, sommes-nous réduits à nous racheter pour une somme de cinq milliards.

Il ne faut pas qu'il en soit ainsi, et nous devons changer la proportion. Et puis, en quoi l'Etat a-t-il à intervenir dans les questions de religion ? Sur ce point, il doit régner une tolérance absolue, une liberté entière. Que chacun pratique le culte qui lui convient. L'Etat veut des citoyens moraux, instruits, forts, adroits, énergiques, courageux, patriotes ; qu'ils soient ensuite libres penseurs, catholiques, luthériens, calvinistes, israélites, musulmans, ce n'est pas son affaire.

Pour la guerre et la marine, j'aurai peu à vous dire. Défions-nous de tous ceux qui font bon marché de ces deux grandes forces, indispensables à toute grande nation ; ce qui intéresse par dessus tout, c'est qu'elles ne soient jamais confiées qu'à un pouvoir exécutif vraiment préoccupé des intérêts nationaux et bien surveillé. La situation géographique de la France exige que nous soyons toujours organisés pour la lutte ; dès que nous nous endormons dans les délices de Capoue et l'adoration du veau d'or, nous devenons la proie des rivaux qui nous guettent de l'autre côté du Rhin. Les Allemands ont créé la plus redoutable puissance militaire qui ait encore existé dans le monde, en se soumettant tous à l'œuvre difficile d'être de bons soldats le jour où vient à retentir le clairon belliqueux. Si nous ne voulons pas en faire autant, nous cesserons de compter parmi les nations. Il faut donc, quelles que soient nos tendances, nos mœurs, nos aspirations, que nous nous organisions de notre côté dans les mêmes conditions ; c'est une nécessité inflexible à laquelle il faut obéir. Lâche, traître ou trop imprévoyant quiconque essaierait par un mot, par un geste, de nous détourner de la nouvelle tâche qui nous incombe. Mais c'est une immense armée nationale que nous avons à créer ; ce ne doit pas être une de ces créations infernales, comme nous en avons tant vues déjà, où le soldat cesse d'être citoyen pour imposer au peuple la domination d'un tyran. Partisan du service obligatoire, je tiens donc par dessus tout à ce que chacun de vous, quel que soit son âge, se trouve par son caractère, ses aptitudes, ses habitudes journalières, son énergie à supporter les fatigues, les intempéries et les privations, en état de faire un vaillant soldat, utile à la défense de la patrie. Après les événements qui viennent de s'accomplir, nous sommes sans matériel de guerre, sans fortifications, sans artillerie, sans approvisionnements ; tout est à refaire, et ceux qui lésinent aujourd'hui sur ces grandes nécessités sont les mêmes qui, au moment du danger, parlaient si haut de capitulation.

Ce n'est pas du côté de la guerre et de la marine qu'il faut chercher les grandes réductions ; on peut en trouver quelques-unes dans les affaires étrangères : il y a là des traitements beaucoup trop élevés qui peuvent être diminués sans inconvénients : on peut réduire aussi le nombre des consulats. Ce ne sont, trop souvent, que des appâts funestes au moyens desquels les gouvernements détournent des intérêts populaires certains hommes, que leur passé destinait à jouer un rôle politique utile au pays.

Enfin, pour l'intérieur, la justice, l'agriculture et le commerce, les finances, il y a un ensemble général de réformes à entreprendre, que je vous esquisserai en quelques mots. Depuis la création des chemins de fer, depuis l'établissement des lignes télégraphiques, depuis la construction de toutes nos routes, les relations sociales ont subi, en France, de très-grandes modifications. Les déplacements de fonctionnaires n'exigent plus la perte de nombreuses journées de travail et peuvent avoir lieu avec une extrême rapidité. Aussi des rouages, autrefois nécessaires, sont-ils maintenant de véritables superfétations. Si les hommes qui ont fait les divisions territoriales de 1790 avaient aujourd'hui la même œuvre à entreprendre, il est certain qu'ils la concevraient sur des bases toutes différentes. La France, sur ses 276 arrondissements, en compte 93 qui n'ont pas plus de 20,000 à 80,000 habitants. Qui peut comprendre que pour de telles circonscriptions, il faille aujourd'hui, avec nos facilités de communications, une sous-préfecture, un tribunal civil, une recette particulière, et tout le luxe de fonctionnaires et d'employés que nécessite chacune de ces institutions?

Il n'y a aucune proportion entre le mécanisme administratif que nos gouvernants doivent mettre en action et les moyens nouveaux que les progrès de la science et de l'industrie nous permettent d'employer. La France est à l'état de ces malheureux fabricants qui continuent à se servir de métiers et de procédés anciens avec lesquels la production est plus difficile et plus coûteuse, alors que leurs concurrents emploient des machines perfectionnées qui économisent une quantité considérable de main d'œuvre.

Pour moi, chers concitoyens, sans une nouvelle division territoriale je ne crois pas à la possibilité de réformes sérieuses et de notables économies. C'est au mécanisme lui-même qu'il faut toucher; sans crainte de déranger quelques familles, qui se perpétuent de père en fils dans certaines situations, il faut diminuer un personnel beaucoup trop nombreux, en accroissant tout simplement l'étendue de nos circonscriptions.

C'est ainsi, seulement ainsi, que nous pourrons arriver et à diminuer le chiffre d'un milliard cinquante millions que nous payons aujourd'hui, et à rendre à l'activité sociale toutes ces forces perdues, toutes ces inutilité oisives et chères qui vivent aujourd'hui en parasites stériles aux dépens de la famille française.

Plusieurs voix. Bien, très-bien. (Nouveaux applaudissements.)

Le Maire. Tous les détails si intéressants que l'orateur vient de nous donner ne portent, jusqu'ici, que sur les dépenses de l'Etat. Ne serait-il pas temps qu'il nous exposât ses idées sur les recettes du budget, c'est-à-dire sur les impôts, sur les divers genres de contributions, sur le système de cherté de prix qui semble devoir être pour longtemps la condition fatale de notre existence?

Le Républicain. J'y arrive, chers concitoyens. Il n'est jamais entré dans ma pensée de passer négligemment sur des questions qui ont un intérêt vital pour quiconque travaille, produit, consomme, c'est-à-dire pour tout citoyen, sans exception.

Quelque riche que soit la nation française, son capital n'est pas infini et a une limite. Les statistiques les plus récentes évaluent à 164 milliards la valeur de tout son capital foncier et immobilier (terres et maisons) et à 86 milliards son capital mobilier, soit à 250 milliards les ressources totales à l'aide desquelles nos trente-six millions et demi de Français peuvent assurer leur existence et leur avenir. Suivant les récoltes, suivant les crises, l'intérêt que l'on tire de ce capital varie dans de fortes limites de 3 à 6 %, et peut-être même de plus bas à plus haut; et c'est cette variation dans le taux de l'intérêt du capital social qui constitue ce que vous appelez bonne ou mauvaise année.

Quand tout marche bien, le poids de l'impôt se supporte avec facilité ; la nation n'en est pas écrasée ; elle suit sans effort, heureuse et tranquille, l'impulsion générale donnée à la machine. Mais, viennent les mauvaises années ; qu'arrive-t-il? Les deux milliards et demi que prélève toujours l'Etat, avec cet acharnement invincible, caractère de l'absolue nécessité, n'étaient tout à l'heure que le sixième du revenu total de la nation, quand le capital produisait par exemple six pour cent; mais ces 2 milliards et demi deviennent le tiers du revenu, quand celui-ci n'est plus que le 3 % du capital social. Vous comprenez alors

avec quelle dureté inflexible, avec quelle extrême rigueur
l'impôt pèse sur toutes les transactions : pour payer la sécurité, l'indépendance, l'ordre, la justice et les autres
avantages qu'assure l'organisation de la force publique,
les citoyens se voient obligés à de douloureuses réductions
sur tout ce qu'ils consacraient à leur vêtement, à leur
logement, à leur nourriture ; ils entament leur capital ;
en un mot ils s'appauvrissent, et au lieu d'un avenir de
prospérité, ils n'ont plus devant eux qu'une perspective
de misère progressive.

Voilà pourquoi la création d'impôts nouveaux exerce
tant d'influence sur les conditions économiques d'un pays ;
voilà pourquoi les esprits légers, qui vantent incessamment
la puissance contributive d'un pays, sont des sophistes
aussi dangereux que les utopistes qui prêchent la paix
perpétuelle.

Il n'est pas rare de voir des hommes d'Etat parler dans
les Chambres avec enthousiasme de la nécessité de donner
des subventions considérables à certaines entreprises :
vient le lendemain la discussion d'un impôt. Ces mêmes
députés, pour conserver leur popularité auprès de leurs
électeurs, ne veulent plus et avec raison, qu'on surcharge
le prix d'aucune denrée, qu'on accroisse les tarifs de doua-
nes ou d'octrois. Etrange contradiction. Comment ces industriels et ces banquiers peuvent-ils oublier si vite
qu'avec leur désir de s'enrichir eux-mêmes, de gagner
quelques primes, ce sont eux qui ont rendu nécessaire,
par le vote d'une nouvelle subvention, l'établissement d'un
nouvel impôt !

Un des plus graves soucis de la grande Révolution fut
de porter la lumière dans la masse indéfinie de tributs de
tout genre qu'avait établis l'ancienne monarchie. Nos pères
cherchèrent alors à instituer un système financier simple,
commode, régulier, reposant sur la base la plus équitable,
sur celle que nous devons toujours avoir sous les yeux et
qui consiste à faire contribuer chacun en proportion de
ses facultés, c'est-à-dire en proportion du revenu dont il
jouit.

Dans tous les pays, mais surtout dans le nôtre, habité
par une démocratie si justement soupçonneuse, l'égalité
proportionnelle des charges est un principe supérieur qui

ne doit jamais être violé. Non-seulement il faut l'inscrire dans la loi en tête des premiers articles de la Constitution, mais encore il faut qu'il soit gravé d'une manière indélébile dans le cœur de tous les citoyens, de façon qu'aucun tribun, aucun conspirateur, aucun prétendant ne puisse songer à se créer une armée de partisans en annonçant l'intention de sacrifier une partie de la population à l'autre.

Qu'arrive-t-il, lorsqu'une ligue de propriétaires, placée en face de la nécessité d'accroître les impôts du pays, refuse systématiquement de laisser toucher à son revenu? Toute l'aggravation porte immédiatement sur les fermiers les industriels, les commerçants, les journaliers? Et ces sacrifiés n'ont-ils pas un motif légitime de se plaindre de ceux qui recueillent tous les avantages de la société sans en supporter les charges?

Qu'arrive-t-il, au contraire, quand de violentes passions s'exaltent contre les contributions indirectes et en demandent la suppression? Il faut que l'Etat se prive de ses revenus les plus importants, les plus faciles à percevoir, et le voilà alors obligé de s'adresser à d'autres ressources, par exemple de trop demander à la terre.

Dans les deux cas, il y a partialité, déni de justice.

Un simple coup d'œil sur la division générale de nos impôts vous prouvera que les taxes indirectes ont pris en France, avec les nouveaux impôts, un essor disproportionné !

L'ensemble des contributions directes ne fournit au Trésor que 650 millions sur les 2 milliards et demi qui sont annuellement perçus. Au contraire, 1,700 millions proviennent des contributions indirectes. Les 150 millions restants sont fournis par des services spéciaux que l'Etat rend aux particuliers, tels par exemple que le transport des lettres et des dépêches au moyen des postes et des télégraphes.

En analysant attentivement cette simple division, il est évident que la tendance de l'Assemblée nationale a été de faire peser tout le poids des nouveaux impôts sur la consommation, sur le travail soit agricole, soit manufacturier, en un mot sur les denrées que nous consommons tous.

Je ne veux pas examiner si ce n'a pas été le moyen le plus sûr de démontrer immédiatement à l'Europe que nous étions en état de remplir l'effroyable engagement que nous avions pris; sur ce point la discussion pourrait être sou-tenue, et il est certain que notre crédit s'est relevé avec vigueur du coup qui est venu le frapper en 1870, dès qu'il a été prouvé qu'il nous était possible de faire face à nos obligations.

Mais cependant, quelle est la conséquence forcée de ces impôts? C'est une élévation nécessaire du prix de toutes choses; c'est une cherté générale appelée à peser sur nous avec une rigueur excessive, tant que nous n'aurons pas amorti une grande partie de notre dette publique. Vous n'en êtes pas plus exempts, vous qui habitez la campagne, que nous qui habitons les villes. Quiconque vit de son travail, recevant pour prix de son labeur une somme avec laquelle il achète moins d'objets nécessaires à son exis-tence qu'il n'en pouvait acheter auparavant, ne peut satis-faire aux mêmes besoins avec la même somme ; il est donc forcé de réclamer une hausse de salaire. Ceux qui font travailler, reportent alors sur les produits qu'ils vendent l'accroissement de prix exigé d'eux; d'où il arrive que, tandis que vous haussez le prix de vos denrées agricoles, vous êtes obligés de subir une élévation proportionnelle de tous les objets qui vous sont utiles.

Tout le pays souffre ainsi de la cherté, et ne nous dis-simulons pas que cette situation nous place dans un état d'infériorité réelle vis-à-vis les autres pays industriels qui nous environnent. Il nous devient plus difficile de n'être pas vaincus dans la grande lutte de la concurrence que nous avons à supporter sur les grands marchés du monde; nous courons risque de passer par cette humiliation, après avoir perdu les lauriers de la guerre, d'être encore dé-pouillés de ceux de la paix. C'est à tort qu'on s'étonne d'entendre dire qu'il y a treize ans nous étions assez forts pour supporter le libre-échange, et qu'aujourd'hui nos industriels ont besoin de protection. Rien n'est cependant plus fondé. Qu'on nous montre un pays où la fiscalité im-pose des conditions semblables à celles qui pèsent sur le travail en France; il n'en existe nulle part. Pouvons-nous avoir la prétention de fabriquer au même prix que nos voisins? Non. Et pourtant tout est là, dans la lutte indus-trielle.

Il y avait un autre moyen de faire face aux difficultés qui pesaient sur nous. On pouvait se servir de l'impôt sur le revenu, que dans des conditions semblables ont établi des nations plus soucieuses que la nôtre de l'équitable proportionnalité des charges.

Pourquoi ne l'a-t-on pas fait ? C'est qu'au lieu d'obéir à des sentiments élevés de patriotisme, à des idées larges, saines et justes, on n'a voulu écouter en certaines régions que la voix de l'intérêt.

On a cherché à vous persuader, mes chers concitoyens, que les défenseurs de l'impôt sur le revenu étaient des partageux, qu'ils voulaient protéger exclusivement les ouvriers des villes au détriment des petits propriétaires et des journaliers des campagnes. On vous a trompés; la question ne se présente pas ainsi. Ce sont tout simplement les grands propriétaires, les grands manufacturiers, les grands financiers, les riches rentiers qui, à l'instar des grands seigneurs de l'ancien régime, ne veulent point contribuer dans la proportion où ils le devraient, aux dépenses de la nation, et aiment mieux faire tout peser sur le pauvre peuple.

Lorsqu'une génération a commis une grande faute, lorsqu'elle s'est laissée aller à un moment de honteuse défaillance, c'est elle-même qui devrait en subir toutes les conséquences. On peut dire qu'elle est coupable d'une seconde défaillance lorsque, par des opérations de crédit, elle s'applique seulement à rejeter tout le fardeau sur les générations futures.

Après les désastres de 1870, il n'était que juste, il n'était que raisonnable, de voir tous les propriétaires et capitalistes de France se décider avec une noble énergie à céder à l'Etat une portion déterminée de leur revenu annuel. Ainsi ont agi dans des circonstances analogues l'Angleterre et les Etats-Unis; ces deux pays n'ont pas craint de faire participer tous les revenus au soulagement de la détresse publique.

Chez nous, où l'égoïsme est plus profond, où les instincts de cupidité sont malheureusement développés avec plus d'intensité, il n'a pas été possible d'établir l'impôt sur le revenu; une opposition acharnée s'est soulevée contre lui. Une foule de personnes qui touchent des revenus considérables ont réussi à se dérober aux recherches du fisc, elles ont préféré laisser surcharger les denrées de consommation, laisser s'établir un système de cherté nuisible à toute la production, en un mot faire peser tout le poids de la surcharge sur le travail soit agricole, soit manufacturier.

Il ne faut pas, chers concitoyens, persister dans cette voie. Tous nos efforts, toute notre intelligence doivent être dirigés maintenant non à accroître, mais à abaisser graduellement les taxes indirectes déjà établies : il faut supprimer celles qui sont le plus nuisibles au travail, celles qui peuvent nous compromettre le plus dans nos luttes commerciales avec l'étranger. En même temps il faut travailler avec énergie à modifier notre système de contributions directes, en se proposant pour but de régler d'après le revenu de chacun la part qui doit lui incomber.

Aujourd'hui, en ce qui concerne la terre et les immeubles, il y a de très-choquantes inégalités que nous devons nous appliquer à faire disparaître. Des travaux faits il y a quelques années sur nos quatre-vingt-cinq départements, ont démontré que, pour le principal seulement de la contribution foncière, tandis que quarante-huit de nos départements paient en moyenne plus de 6 % de leur revenu, entre 6 et 9, trente-sept autres paient moins de 6 %, c'est-à-dire entre 6 et 3 %. Quant à la répartition individuelle, tels propriétaires ne paient que 1 ou 2 %, tandis que tels autres paient 18 et 20 %. Et cela pour le principal de la contribution seulement, les centimes additionnels venant encore aggraver cette inégalité. Toutes les évaluations du cadastre sont à refaire, car la valeur de la propriété a totalement changé par le fait de l'accroissement de la population, de l'extension et de l'amélioration des voies de communication, de l'ouverture de nouveaux marchés et de l'introduction de nouveaux procédés de culture. Pourquoi la contribution foncière continue-t-elle à rester un impôt de répartition emportant une solidarité injustifiable entre certains contribuables, au lieu d'être un impôt de quotité réclamant à chacun un tant pour cent fixe sur son revenu?

La contribution personnelle et mobilière, celle des portes et fenêtres, et celle des patentes, ne sont vraiment

que des jalons posés qui justifient la justice d'un impôt
sur le revenu, mais qui n'atteignent point proportionnellement à leurs rentes réelles, les plus gros, les plus puissants détenteurs de la richesse. Que paie le rentier dont
toute la fortune est placée en fonds de l'Etat, le capita-
liste qui obtient de grands bénéfices en spéculant sur les
valeurs mobilières, le fonctionnaire doté d'un riche traitement, le pensionnaire qui touche ses semestres au
trésor public, et tous ces hommes enfin qui en remuant
des sommes considérables, ou en exerçant certaines professions libérales privilégiées atteignent dans notre société
à un si haut degré de puissance ? Il n'y a aucune proportion entre les sommes qui leur sont demandées par
l'Etat, et celles qu'ils doivent équitablement lui payer.
Pour se contenter de signes purement matériels dans
l'appréciation de la valeur du revenu de chacun, on a été
conduit à cette criante injustice, de faire peser la plus
grande partie de l'impôt sur ceux qui sont obligés d'étaler
au grand jour leurs instruments de travail; tandis qu'on
traite comme des privilégiés ceux dont la haute position
sociale repose sur la base du crédit, sur des rentes payées
par l'Etat, sur des pensions acquises, des fonctions pu-
bliques, et des bénéfices provenant du commerce, de
l'industrie et des professions libérales privilégiées.

C'est une chose triste à dire; mais à force de nous
enthousiasmer sur la perfection de nos institutions, nous
en sommes arrivés, en ce qui concerne l'assiette des impôts, au même point qu'en ce qui concerne l'organisation
de l'armée. Nous n'avons su y introduire aucune des modifications qui auraient du résulter de l'établissement des
chemins de fer, des télégraphes et du développement général de l'aisance. Victimes de notre folle adoration de
nous-mêmes, nous devons reconnaître que nous sommes
encore très-loin de la proportionnalité des charges, à
laquelle nous tendons depuis 1789.

Telles sont, chers concitoyens, en matière d'impôts, les
idées que j'apporterais à la nouvelle Assemblée que vous
allez nommer.

Atténuer la cherté des prix, répartir équitablement les
contributions directes, réviser le cadastre, organiser l'impôt proportionnellement au revenu, voilà le but que je

donnerais à mon activité, si vos suffrages m'appelaient à vous représenter.

Le Maire. Au nom de l'assemblée, je remercie du fond du cœur le candidat des loyales et sincères explications qu'il vient de nous donner. Voilà le langage d'un patriote ferme, convaincu! Ah! que depuis longtemps ne parle-t-on ainsi à cette chère France, au lieu d'exalter chez ses citoyens soit une vanité impuissante, soit une envie inféconde?

Oui, pour vous comme pour nous, la République, c'est avant tout l'application des idées de justice dans les institutions sociales.

Que les pensées que l'orateur vient d'exprimer soient, en ce qui concerne le budget de la France, le cahier même de notre corps électoral.

Que Paris ne doute pas de la province, de la campagne!

N'est-il pas vrai, chers concitoyens.

Notre choix est fait, il ne variera point.

Vive la République française!!

Ces derniers mots furent répétés par tout l'auditoire, qui acclama l'orateur et le choisit pour candidat.

Et le maire, quittant son banc, alla serrer la main du républicain au bas de la tribune.

Tous deux étaient profondément émus.

A l'idée des bienfaits de tout genre que pouvait répandre sur le pays l'accord entre les villes et les campagnes, ils entrevoyaient pour la France une nouvelle ère de grandeur et de prospérité. Plus de haines, plus de discordes, plus de rivalités. Une entente désormais sincère pour le bien public, une union étroite contre l'étranger, le réveil du patriotisme, la vraie revanche enfin.

Imprimerie Moderne, BARTHIER d', rue J.-J.-Rousseau, 61.

BROCHURES D'INSTRUCTION RÉPUBLICAINE

à 15 centimes. (*Le port en sus*)

EN VENTE :

1. **L'Instruction républicaine**, par Jules BARNI, député, ancien Inspecteur général de l'Instruction publique (3ᵉ édition).
2. **Les Paysans avant 89**, par Eug. BONNEMÈRE, publiciste, auteur de l'*Histoire des Paysans* (4ᵉ éd.).
3. **La République c'est l'ordre**, par D. ORDINAIRE, publiciste, 5ᵉ édit.
4. **La Question militaire et la République**, par Raymond FRANC.
5. **Ce que disent les Bonapartistes**, par A. HENRYOT (épuisé).
6. **La vérité sur le Deux-Décembre**, par G. LASSEZ (épuisé).
7. **Les Paysans après 1789**, par Eugène BONNEMÈRE, publiciste (2ᵉ édit.).
8. **La Liberté organisée**, par Léon JOURNAULT, député de Seine-et-Oise.
9. **Les Prétendants et la République**, par D. ORDINAIRE.
10. **La fin des Révolutions par la République**, par H. MAZE, ancien préfet des Landes (2ᵉ édit.).
11. **Les Principes et les Mœurs de la République**, par Jules BARNI, député, ancien Inspecteur général de l'Instruction publique.
12. **Le Suffrage universel**, par E. MILLAUD, député du Rhône.
13. **Le Maître d'école**, par E. BONNEMÈRE (2ᵉ édit.).

Ces publications ont obtenu une médaille d'argent en 1873, de la Société pour l'Instruction élémentaire.

14. **Le Budget des trois monarchies et le budget de la République**, par G. HUBBARD, publiciste. (2ᵉ edit.).
15-16. **Jacques Bonhomme, Histoire des Paysans français**, par J. B. JOUANCOUX (première et deuxième parties).
17. **Hoch**, par H. CARNOT, membre de l'Assemblée nationale.
18. **Franklin, sa Vie et ses Œuvres**, par L. François.
19. **La Vérité sur Sedan**, par un Officier supérieur (6ᵉ édit.).
20. **Ce que coûte un Empire**, par George, député des Vosges (4ᵉ édit.).
21. **Invasion V**, par Pre LEFRANC, député des Pyrénées-Orientales.
22. **Les Décembriseurs**, par Vor SCHŒLCHER, député de la Martinique.

———

POUR PARAITRE INCESSAMMENT :

L'Appel au Peuple, par Jules BARNI, député de la Somme.

Et d'autres écrits populaires par MM. N. LEVEN, L. RIBERT, JOURNEAUX, MARIO PROTH, CLAMAGERAN, EDGAR QUINET, DUSOLIER, E. SPULLER, LAURENT PICHAT, J. CAZOT, Frédéric MORIN, etc.

———

CONDITIONS DE PROPAGANDE

50 exemplaires pris ensemble........ 5 fr. 50
150   —   —   .... 15 fr.

(*Le port en sus*).

Pour renseignements, s'adresser à M. Aug. MARAIS, 161, rue Saint-Jacques.